ORDONNANCE DU ROY,

Portant Reglement pour le Payement des Troupes de Sa Majeſté.

Du 6. Avril 1718.

A PARIS,

DE L'IMPRIMERIE ROYALE.

M. DCCXVIII.

ORDONNANCE DU ROY,

Portant Reglement pour le Payement des Troupes de Sa Majesté.

Du 6. Avril 17-18.

DE PAR LE ROY.

SA MAJESTE' voulant procurer aux Officiers de ses Troupes un Traitement avantageux; Rappeller à la suite des Regimens une partie des Officiers reformez, ausquels Elle avoit permis de s'absenter; Et accorder aux Soldats, Cavaliers & Dragons une augmentation de Solde, a, de l'avis de Monsieur le Duc d'Orleans Regent, Ordonné ce qui suit.

ARTICLE PREMIER.

Qu'A commencer du premier May prochain, les Bataillons d'Infanterie Françoise, à la reserve des Regimens

A ij

Royal Artillerie & des Bombardiers , foient compofez de neuf Compagnies chacun , y compris une Compagnie de Grenadiers ; Et pour maintenir les Bataillons d'un mefme Regiment dans une égale force, Sa Majefté en confirmant ce qui eft porté par les anciennes Ordonnances, Veut que les Compagnies d'un Regiment de plufieurs Bataillons , fervent dans lefdits Bataillons fuivant le rang de leurs Capitaines ; Que les Compagnies de Grenadiers foient mifes fuivant leur ancienneté à la tefte du premier & des autres Bataillons dudit Regiment ; Que la Compagnie Colonelle, & celle du Lieutenant-Colonel demeurent au premier Bataillon ; Que la Compagnie du premier Capitaine foit dans le fecond ; Et dans les Regimens où il y a trois Bataillons , que la Compagnie du fecond Capitaine foit dans le troifiéme , Et que les autres Compagnies foient ainfi diftribuées fuivant leur rang : Voulant Sa Majefté que le mefme ordre foit toûjours gardé dans tous les Regimens où il y a plufieurs Bataillons, Et que quand il vacquera une Compagnie dans un defdits Regimens, le Capitaine qui en fera pourvû, prenne avec ladite Compagnie la queuë du dernier Bataillon, pour faire monter les autres Compagnies , afin qu'elles fe trouvent dans les Bataillons où elles devront fervir, felon leur rang.

II.

VEUT auffi Sa Majefté qu'il y ait toûjours dans chaque Compagnie de fon Infanterie, tant Françoife qu'Eftrangere , dix Outils propres à remüer la terre , que les Soldats de chaque chambrée porteront tour à tour avec leurs armes.

III.

Compagnie ordinaire d'Infanterie Françoife.

EN temps de Paix, les Compagnies defdits Bataillons, a la referve de celle des Grenadiers, feront compofées chacune d'un Capitaine en pied, d'un Capitaine en fecond, d'un premier Lieutenant & d'un Lieutenant en fecond,

cond, de trois Sergens, trois Caporaux, trois Anſpeſſades, cinquante-huit Fuſilliers & deux Tambours ; Et elles
ſeront payées à raiſon de Quarante-deux ſols par jour au
Capitaine en ſecond, de Vingt-cinq ſols au premier Lieutenant, de Vingt ſols au Lieutenant en ſecond, de Onze
ſols à chaque Sergent, de Sept ſols ſix deniers à chaque
Caporal, de Six ſols ſix deniers à chaque Anſpeſſade, Et
de Cinq ſols ſix deniers à chaque Soldat & Tambour ; La
Maſſe non compriſe dans ladite paye.

A l'égard du Capitaine en pied, lorſque ſa Compagnie
aura paſſé en Reveüe ſur le pied de ſoixante-neuf hommes effectifs, non compris les Officiers, il luy ſera payé
Quatre livres ſeize ſols quatre deniers par jour ; Lorſqu'elle
ne ſera compoſée que de ſoixante-ſept & ſoixante-huit
hommes, il ne recevra que Quatre livres dix ſols ; Lorſqu'elle ne ſera que de ſoixante-quatre, ſoixante-cinq &
ſoixante-ſix, il ne recevra que Quatre livres cinq ſols ; A
ſoixante-un, ſoixante-deux & ſoixante-trois, il recevra ſeulement Quatre livres ; Et à ſoixante hommes Trois livres
quinze ſols ; Lorſqu'elle ne ſe trouvera compoſée que de
cinquante-ſept, cinquante-huit ou cinquante-neuf hommes, le Capitaine n'aura que Trois livres dix ſols par jour,
dont il ne luy ſera payé que Cinquante ſols, & les vingt
ſols reſtans demeureront entre les mains du Treſorier,
pour eſtre le montant de cette retenuë remis, ſuivant les
ordres des Inſpecteurs Generaux, ſoit au meſme Capitaine, lorſqu'il aura rêtabli ſa Compagnie, ou à celuy qui
luy aura ſuccedé, & qui l'aura rêtablie.

S'il arrivoit que la Compagnie ne ſe trouvât lors de
la Reveüe que de cinquante-ſix hommes & au-deſſous,
le Capitaine n'aura que Trois livres cinq ſols par jour,
ſur laquelle ſomme il ſera retenu Trente ſols par jour,
qui reſteront auſſi entre les mains du Treſorier, pour le
montant de cette retenuë eſtre pareillement diſtribué,
par ordre de l'Inſpecteur, ainſi qu'il eſt marqué cy-deſſus.

Appointe-
mens du Ca-
pitaine d'In-
fanterie Fran-
çoiſe.

B

IV.

SA MAJESTÉ ayant refolu de ne plus faire fournir l'Eftape aux Recrües deftinées pour fes Troupes, Et de ne donner à l'avenir des Routes que pour les faire loger dans les lieux de leur paffage, Elle a en mefme temps Ordonné que chaque Capitaine de fon Infanterie Françoife touchera chacun an, dans le temps du Semeftre, la fomme de Deux cens livres, pour luy tenir lieu de ladite Eftape : ENTEND neanmoins Sa Majefté que lors qu'à la fin des Semeftres, la Compagnie ne fe trouvera pas rêtablie, ladite fomme de Deux cens livres foit retenüe fur les Appointemens du Capitaine, fuivant l'ordre de l'Infpecteur, pour eftre remife par le Treforier, foit au Capitaine lorfqu'il l'aura rendüe complette, ou à celuy qui en aura efté pourvû à fa place & qui l'aura rêtablie.

V.

LA Compagnie des Grenadiers, qui eft dans chaque Bataillon d'Infanterie Françoife, fera compofée d'un Capitaine en pied, d'un Capitaine en fecond, d'un premier Lieutenant, d'un Lieutenant en fecond, de trois Sergens, trois Caporaux, trois Anfpeffades, quarante Grenadiers & un Tambour; Et fera payée à raifon de Cinq livres par jour au Capitaine en pied, de Deux livres dix fols au Capitaine en fecond, de trente-cinq fols au premier Lieutenant, de vingt-cinq fols au Lieutenant en fecond, de douze fols à chacun des trois Sergens, de huit fols fix deniers à chacun des trois Caporaux, de fept fols fix deniers à chacun des trois Anfpeffades, & de fix fols fix deniers à chacun des quarante-un Grenadiers & Tambour, la Maffe non comprife. Le Capitaine touchera de plus par Gratification vingt-deux fols fix deniers par jour, lorfque fa Compagnie fera compofée de cinquante hommes effectifs, les Officiers non compris, fans qu'il puiffe rien pretendre de ladite Gratification, lorfque fa Compagnie fe trouvera au-deffous dudit nombre de cinquante.

7

VI.

VEUT SA MAJESTÉ qu'au moyen de l'augmentation d'Appointemens qu'Elle a bien voulu accorder aux Capitaines de Grenadiers, ils payent à l'avenir Trente livres pour chaque Soldat qui fera tiré pour leurs Compagnies, au lieu de Vingt-deux livres dix fols qu'ils payoient cy-devant.

VII.

OUTRE la Solde cy-deffus reglée pour les Sergens, Caporaux, Anfpeffades, Grenadiers, Soldats & Tambours, laquelle leur fera payée à chaque preft fans aucune retenüe, Et au moyen de laquelle ils feront tenus de s'entretenir de Linge & Chauffures, il fera encore donné deux fols par jour pour chaque Sergent, & un fol pour chaque Caporal, Anfpeffade, Grenadier, Soldat ou Tambour, dont la Compagnie doit eftre payée fur le pied du complet, Et ce independamment du nombre effectif auquel la Compagnie pourra fe trouver, lefquels deux fols par Sergent, & un fol par Grenadier & Soldat, formeront une Maffe toujours complette pour l'habillement de la Compagnie, montant, Sçavoir pour celle des Grenadiers à Soixante-dix-neuf livres dix fols par mois, faifant Neuf cens cinquante-quatre livres par an, Et pour chacune des Compagnies ordinaires Cent huit livres par mois, & Douze cens quatre-vingt-feize livres par an, ce qui fera un fonds de Onze mille trois cens vingt-deux livres par an pour la Maffe de chaque Bataillon, laquelle demeurera entre les mains du Treforier, qui en donnera fa reconnoiffance au Major du Regiment, ou autre Officier chargé du detail, à la fin de chaque mois, pour eftre ladite Maffe employée à l'habillement de la Compagnie à laquelle elle appartiendra, Et payée fur les ordres & main-levées des Infpecteurs Generaux, ainfi que par le paffé.

VIII.

POUR faciliter de plus en plus aux Capitaines l'Entretien de leurs Compagnies, Sa Majesté a Ordonné que sur le fonds de la Masse, il sera remis par ordre de l'Inspecteur, à chacun de ceux dont les Compagnies se trouveront complettes de soixante-neuf hommes vestus & armez, à la Reveüe qui se fera à la fin du Semestre, la somme de Deux cens quatre-vingt seize livres, pour le dédommager des frais de l'habillement de leurs Recrües ; Et à l'égard des Compagnies qui ne se trouveront pas complettes dans ledit temps, VEUT Sa Majesté que ladite somme de Deux cens quatre-vingt seize livres , demeure entre les mains du Tresorier , pour estre remise, soit aux Capitaines desdites Compagnies, lorsqu'ils les auront rêtablies , ou à ceux qui en ayant esté pourvûs par leur mort, cassation ou abandonnement, les auront renduës complettes.

Gratification au Capitaine de Compagnie ordinaire de l'Infanterie Françoise, sur le fonds de la Masse.

IX.

LORSQU'UN Soldat negligera de s'entretenir de Linge ou de Chaussure, le Capitaine de la Compagnie dont il sera , prendra l'ordre du Commandant du Corps, pour faire retenir sur la paye dudit Soldat, ce qui sera jugé necessaire pour luy acheter ce qui luy manquera ; SA MAJESTÉ trouvant bon que le Commandant puisse reduire ladite paye du Soldat negligent, à quatre sols par jour dans ledit cas, jusques à ce que tout ce qui manque à l'entretien du Linge & Chaussure soit rêtabli. DEFFENDANT tres expressement Sa Majesté aux Capitaines & Subalternes, de faire de pareilles retenuës sans ordre par écrit du Commandant, lesquels ordres seront representez aux Inspecteurs, à leurs Reveües.

X.

Officier chargé du détail.

L'OFFICIER chargé de recevoir les deniers du Regiment, soit Major & Ayde-major, Capitaine en pied ou en second, sera choisi par déliberation, à la pluralité des

voix

(Du 6. Avril 1718.
9

voix des Capitaines, tant en pied qu'en fecond, lefquels remettront à celuy qu'ils auront choifi, la Déliberation fignée d'eux ; Et lorfqu'ils jugeront à propos pour le bien du Regiment, de charger de ce détail un autre Officier que celuy qui aura efté precedemment choifi, Sa Majefté leur permet de le faire en obfervant les mefmes formalitez, aprés toutesfois en avoir obtenu la permiffion du Colonel vifée de l'Infpecteur : Veut pareillement Sa Majefté que le Chirurgien Major, entretenu en chaque Regiment, foit choifi par les Capitaines.

XI.

LE mefme ordre fera obfervé pour le choix de l'Officier qui fera chargé du foin de l'habillement.

XII.

LES Eftats Majors defdits Regimens d'Infanterie Françoife, feront compofez d'un Colonel, un Lieutenant-Colonel, un Major, un Ayde-major, un Aumofnier & un Chirurgien (Sa Majefté ayant jugé à propos de fupprimer le Marefchal des Logis qui y eftoit entretenu;) Et lefdits Officiers feront payez à raifon de Deux livres quinze fols par jour au Colonel, de Deux livres cinq fols au Lieutenant-Colonel, de Quatre livres trois fols quatre deniers au Major, de Deux livres cinq fols à l'Ayde-major, lefquels Major & Ayde-major ne pourront avoir chacun que leurfdites Charges, de dix fols à l'Aumofnier & dix fols au Chirurgien.

Eftat Major des Regimens d'Infanterie Françoife.

XIII.

SA MAJESTÉ ayant jugé à propos de fupprimer la Prevofté qu'Elle entretenoit cy-devant dans les Regimens de Picardie, Champagne, Navarre, Piedmont, Normandie, la Marine, Richelieu, Bourbonnois, Auvergne, Tallard, de Pont, du Roy, Royal, Lyonnois, Dauphin, Anjou, du Mayne, la Reyne, Royal des Vaiffeaux, Orleans, la Couronne, Artois, Vendofme, Royal Rouffillon, Condé, Bourbon, Royal la Marine, Royal

Comtois, Mailly, Nice, Touloufe, Chartres, Conty, Enghien; Son intention eft, qu'au lieu & place de ladite Prevofté, il foit payé à chacun des Colonels defdits Regimens deux livres cinq fols par jour, outre & par-deffus les deux livres quinze fols qu'ils doivent toucher en qualité de Colonels, conformement à l'Article precedent.

XIV.

Commandant & Ayde-Major de Bataillon.

LE Commandant de chacun des Bataillons qui ne font point chefs de Regimens, aura en cette qualité deux livres cinq fols par jour, recevant d'ailleurs le mefme Traitement que les autres Capitaines du Bataillon; Et l'Ayde-Major qui eft à la fuite de chacun defdits Bataillons, où il ne pourra avoir que cette Charge, recevra pareille fomme de deux livres cinq fols par jour.

XV.

Appointemens de Capitaines, en qualité de cy-devant Commandans de Bataillons.

LES Capitaines qui commandoient les feconds & troifiémes Bataillons, qui ont efté incorporez dans les premiers Bataillons des mefmes Regimens, & qui y font entrez avec leurs Compagnies, Sçavoir, les S.rs Soüin du Regiment Royal, Sainte Marie du Dauphin, Aubery de la Reyne, Courcelles du Royal des Vaiffeaux, Fernex de Bretagne, Caftron du Perche, Cornoüailles d'Artois, Plemarets de Louvigny, Saint Hilaire de Vendofme, Lalouviere de Royal Rouffillon, Sirmond de Beauvoifis, Taucaut de Roüergues, Feneftre de Bourgogne, d'Anfelme de Royal la Marine, de Grave de Vermandois, Rouffel de Sourches, Dupré de Medoc, Defaunais de Genfac, Lombard du Royal Comtois, Guerin de Lyonne, Signier de Provence, Doüarne de Guyenne, du Boufquet de Lorraine, Accarel de Flandres, la Beuffiere de Bearn, Vaillant Defaunais de Haynault, Fontaine de Boulonnois, Seve de Xaintonge, le Brun de Bigorre, Teffier de Breffe, Gontier de Quercy, la Tour de Nivernois, Duperet de Brie, Dufoffé de Soiffonnois, Saint Jullien Fayet de l'Ifle de

I I

France, Fleurian de Vexin , la Roque d'Aunix , Cuigy de Beauce, Duhauzel de Luxembourg, Beauchesne de Bassigny, Boistaché de Ponthieu, Duidaniel de Solre , Larnage d'Olonne , Landra de Perin , Joffaud de Blaisois, Bellac d'Auxerrois, du Cluseaux d'Agenois, du Boucher de Santerre & Vabois d'Enghien, continüeront de toucher les vingt sols par jour, qu'ils recevoient en qualité de Commandans desdits Bataillons, jusques à ce qu'ils parviennent à quelque Grade ; Sa Majesté veut bien aussi les dispenser de monter la Garde dans lesdits Bataillons.

X V I.

LES quatre Bataillons du Regiment Royal Artillerie, qui sont composez chacun d'une Compagnie d'Ouvriers, de trois Compagnies de Canoniers & de quatre Compagnies de Fusiliers, seront payez, Sçavoir chacune desdites quatre Compagnies d'Ouvriers dudit Regiment ; qui est composée du Capitaine, de deux Lieutenans, deux sous-Lieutenans, quatre Sergens, quatre Caporaux, six Anspessades , soixante-quatre Fusiliers-Ouvriers, & deux Tambours, à raison de trois livres par jour au Capitaine, de quarante sols à chacun des deux Lieutenans, de trente sols à chacun des deux sous-Lieutenans, de vingt sols six deniers à chaque Sergent, de quinze sols six deniers à chaque Caporal, de douze sols six deniers à chaque Anspessade , & de dix sols six deniers à chaque Fusilier-Ouvrier ou Tambour. Le Capitaine, outre ce qui est marqué cy-dessus pour luy, recevra sept payes d'Ouvriers de dix sols six deniers chacune de Gratification par jour, quand sa Compagnie se trouvera de quatre-vingt hommes sans les Officiers ; six desdites payes lorsqu'elle sera de soixante-quinze, & quatre quand ladite Compagnie sera de soixante-dix, les Officiers non compris; Sa Majesté Entendant qu'il ne reçoive aucune paye de Gratification , si sa Compagnie se trouve au dessous dudit nombre de soixante-dix.

Royal Artillerie.

Compagnie d'Ouvriers.

C ij

XVII.

Compagnie de Canoniers.

LES trois Compagnies de Canoniers, qui font en chacun des quatre Bataillons dudit Regiment Royal Artillerie, feront compofées chacune du Capitaine, d'un Lieutenant, un Enfeigne dans la Compagnie Colonelle dudit Regiment, & d'un fous-Lieutenant pour les autres Compagnies, deux Sergens, trois Caporaux, trois Anfpeffades, trente-un Canoniers & un Tambour; Et feront payées, à raifon de trois livres par jour au Capitaine, trente fols au Lieutenant, vingt fols au fous-Lieutenant ou Enfeigne, de feize fols fix deniers à chaque Sergent, d'onze fols deux deniers à chaque Caporal, de dix fols un denier à chaque Anfpeffade, & de huit fols fix deniers à chaque Canonier ou Tambour : Le Capitaine recevra, outre ce qui eft marqué cy-deffus pour luy, trois payes de Gratification de huit fols fix deniers chacune par jour, lorfque fa Compagnie fera de quarante hommes, les Officiers non compris, deux defdits payes à trente-huit, & une feulement quand elle fe trouvera à trente-cinq, n'en devant recevoir aucune quand elle fera au deffous dudit nombre de trente-cinq.

XVIII.

Compagnie de Fufiliers.

LES quatre Compagnies de Fufiliers, qui font en chacun des quatre Bataillons dudit Regiment Royal Artillerie, compofées chacune d'un Capitaine & un Lieutenant, deux Sergens, trois Caporaux, trois Anfpeffades, trente-un Fufiliers & un Tambour, feront payées à raifon de cinquante fols par jour au Capitaine, de vingt fols au Lieutenant, de onze fols fix deniers à chaque Sergent, de huit fols fix deniers à chaque Caporal, de fept fols fix deniers à chaque Anfpeffade, & de fix fols fix deniers à chaque Fufilier ou Tambour ; Et le Capitaine, outre l'appointement cy-deffus, recevra encore trois payes de Gratification de fix fols fix deniers chacune par jour, lorfque fa Compagnie fe trouvera complette de quarante hommes

fans

13

fans les Officiers, deux defdites payes lorfqu'il en aura trente-huit, & une feulement lorfqu'il n'en aura que trente-cinq, n'en pouvant pretendre aucune, fa Compagnie eftant au-deffous dudit nombre de trente-cinq.

XIX.

LES Capitaines en pied dudit Regiment Royal Artillerie, recevront chaque année dans le temps du Semeftre, pour tenir lieu d'Eftape à leurs Recrües; Sçavoir, chaque Capitaine de Compagnie d'Ouvriers, la fomme de Deux cens trente livres; chaque Capitaine de Compagnies de Canoniers & de Compagnies ordinaires, celle de Cent vingt livres; Voulant Sa Majefté que lorfque les Compagnies ne fe trouveront pas complettes à la Reveüe qui fe fera au retour dudit Semeftre, lefdites fommes foient retenuës fur les Appointemens des Capitaines, ainfi qu'il eft cy-deffus reglé.

Recrües du Regiment Royal Artillerie.

XX.

LES Officiers de l'Eftat Major dudit Regiment Royal Artillerie, continüeront d'eftre payez à raifon de trente-trois fols quatre deniers par jour au Colonel, quarante fols au Lieutenant-Colonel, de cinquante fols au Major, trente-trois fols quatre deniers à l'Ayde-Major, qui ne pourra avoir que cette Charge, de vingt fols au Marefchal des Logis, de dix fols à l'Aumofnier, de dix fols au Chirurgien, de vingt-fix fols huit deniers au Prevoft, de treize fols quatre deniers à fon Lieutenant, de huit fols quatre deniers au Greffier, Et de cinq fols à chacun des cinq Archers & à l'Executeur.

Eftat Major du Regiment Royal Artillerie.

XXI.

LE Commandant de chacun des fecond, troifiéme & quatriéme Bataillons dudit Regiment Royal Artillerie, aura en cette qualité vingt fols par jour, recevant d'ailleurs le Traitement de Capitaine d'Ouvriers. L'Ayde-Major qui eft en chacun defdits Bataillons, où il ne pourra pareillement avoir que cette Charge, recevra trente-trois fols quatre deniers

Commandant & Ayde-Major de Bataillons du Regiment Royal Artillerie.

D

par jour, ainſi que le premier Ayde-Major dudit Regiment.

XXII.

Autres Com-
pagnies de
Canoniers du
Regiment
Royal Artil-
lerie.

LES quatre Compagnies de Canoniers, qui ne ſont attachées à aucun des Bataillons dudit Regiment Royal Artillerie, compoſées chacune du Capitaine, d'un Lieutenant, deux Sergens, trois Caporaux, trois Anſpeſſades, trente-un Canoniers & un Tambour, ſeront payées à raiſon de trois livres par jour au Capitaine, de trente ſols au Lieutenant, de ſeize ſols ſix deniers à chaque Sergent, de onze ſols deux deniers à chaque Caporal, de dix ſols un denier à chaque Anſpeſſade, Et de huit ſols ſix deniers à chaque Canonier ou Tambour : Le Capitaine recevra outre ſes Appointemens, trois payes de Gratification de huit ſols ſix deniers chacune par jour, lorſque ſa Compagnie ſera de quarante hommes, les Officiers non compris, deux deſdites payes à trente-huit, & une ſeulement quand elle ſe trouvera à trente-cinq, n'en devant recevoir aucune quand elle ſera au-deſſous dudit nombre de trente-cinq.

XXIII.

Regiment des
Bombardiers.

Compagnie
de Deſtou-
ches.

DANS le Regiment des Fuſilliers-Bombardiers du Roy, qui eſt compoſé de la Compagnie du S.ʳ Deſtouches Lieutenant-Colonel, de celle du S.ʳ de la Roche, & de ſept autres Compagnies ordinaires ; ladite Compagnie de Deſtouches qui doit eſtre compoſée du Capitaine, de deux Lieutenans, deux Sous-Lieutenans, un Enſeigne, quatre Sergens, quatre Caporaux, ſix Anſpeſſades, quarante Bombardiers, dix Ouvriers, vingt-quatre Fuſiliers, & deux Tambours, ſera payée à raiſon de Sept livres dix-ſept ſols par jour au Capitaine, trente ſols à chaque Lieutenant, vingt ſols à chaque Sous-Lieutenant, vingt-deux ſols ſix deniers à l'Enſeigne, de douze ſols ſix deniers à chaque Sergent, de huit ſols ſix deniers à chaque Caporal, de ſept ſols ſix deniers à chaque Anſpeſſade, de vingt ſols ſix deniers à chacun des vingt anciens Bombardiers, de quinze fols fix deniers à chacun des dix autres Bombardiers, de douze fols fix deniers à chacun encore des dix autres Bombardiers, de dix fols fix deniers à chaque Ouvrier, de fix fols fix deniers à chaque Fufilier, & de fix fols fix deniers à chaque Tambour ; Et le Capitaine recevra, outre l'appointement qui luy eſt cy-deſſus ordonné, huit payes de Gratification de fix fols fix deniers chacune par jour, lorſque ſa Compagnie ſe trouvera depuis quatre-vingt cinq hommes, juſques à quatre-vingt-dix, les Officiers non compris.

XXIV.

LADITE Compagnie du Sr de la Roche doit eſtre compoſée du Capitaine, d'un Lieutenant, d'un Sous-Lieutenant, deux Sergens, trois Caporaux, quatre Anſpeſſades, dix Bombardiers, quarante Fufiliers & un Tambour ; Et eſtre payée à raiſon de cinq livres par jour au Capitaine, de trente fols au Lieutenant, de vingt fols au Sous-Lieutenant, de douze fols fix deniers à chaque Sergent, de huit fols fix deniers à chaque Caporal, de ſept fols fix deniers à chaque Anſpeſſade, de douze fols fix deniers à chaque Bombardier, & de fix fols fix deniers à chaque Fufilier & Tambour : Le Capitaine de ladite Compagnie devant recevoir, outre ſes Appointemens, quatre payes de Gratification de fix fols fix deniers chacune par jour, lorſque ſa Compagnie ſera de cinquante-cinq juſques à ſoixante hommes, ſans les Officiers.

Compagnie de la Roche.

XXV.

CHACUNE des ſept autres Compagnies dudit Regiment, doit avoir un Capitaine, un Lieutenant, deux Sergens, trois Caporaux, trois Anſpeſſades, trente-un Fufiliers & un Tambour, la premiere deſdites ſept Compagnies ayant un Enſeigne ; Et le Capitaine de chaque Compagnie ſera payé à raiſon de cinquante fols par jour, le Lieutenant de vingt fols, l'Enſeigne de la premiere Compagnie de quinze fols, chaque Sergent de onze fols fix

Compagnie ordinaire du Regiment des Bombardiers.

deniers, chaque Caporal de huit sols six deniers, chaque Anspessade de sept sols six deniers, Et chacun des trente-un Fusiliers & le Tambour, de six sols six deniers : Le Capitaine recevra de plus trois payes de Gratification de six sols six deniers chacune par jour, lorsque sa Compagnie se trouvera de quarante hommes, sans les Officiers, deux quand elle sera de trente-huit, & une seulement lorsqu'elle ne sera que de trente-cinq, sans que le Capitaine en puisse pretendre aucune, sa Compagnie estant au-dessous dudit nombre de trente-cinq, les Officiers non compris.

XXVI.

Recrües du Regiment des Bombardiers du Roy.

LES Capitaines en pied dudit Regiment des Bombardiers du Roy, recevront chaque année dans le temps du Semestre, pour tenir lieu d'Estape à leurs Recrües ; Sçavoir, le S.r Destouches la somme de Deux cens soixante livres ; Le S.r de la Roche celle de Cent soixante-dix livres, Et chaque Capitaine de Compagnie ordinaire, celle de Cent vingt livres ; Voulant Sa Majesté que lorsque leurs Compagnies ne se trouveront pas complettes à la Reveüe qui se fera au retour dudit Semestre, lesdites sommes soient retenuës sur les Appointemens des Capitaines, ainsi qu'il est cy-devant reglé.

XXVII.

Estat Major du Regiment des Bombardiers.

LES Officiers de l'Estat Major du Regiment des Bombardiers, seront payez à raison de trente sols par jour au Lieutenant Colonel, de trois livres au Major, de cinquante sols à l'Ayde-major, qui ne pourra avoir que cette Charge, de vingt sols au Mareschal des Logis, de dix sols à l'Aumosnier, de dix sols au Chirurgien, de vingt-six sols huit deniers au Prevost, de treize sols quatre deniers à son Lieutenant, de huit sols quatre deniers au Greffier, & de cinq sols à chacun des cinq Archers & à l'Executeur. Et au S.r Romillé qui commandoit cy-devant le second Bataillon dudit Regiment, les vingt sols par jour qu'il recevoit en qualité de Commandant, jusques à

ce

ce qu'il parvienne à quelque grade ; Et Sa Majesté a bien voulu aussi le dispenser de monter la Garde dans ledit Regiment.

XXVIII.

CONFORMEMENT à l'Article XLIV. de l'Ordonnance du 2. Juillet 1716. Sa Majesté deffend tres expressement aux Capitaines & autres Officiers de ses Troupes d'Infanterie, de promettre & donner aux Soldats de leurs Compagnies une solde plus forte que celle portée par ses Ordonnances, à peine d'estre cassez.

XXIX.

LES Capitaines des Bataillons d'Infanterie Françoise pourront avoir dans leurs Compagnies dix Soldats estrangers en temps de Paix, au lieu des cinq que Sa Majesté leur avoit cy-devant permis d'enroller, Et vingt en temps de Guerre, sans que les Capitaines des Regimens Estrangers puissent doresnavant reprendre ceux de leur nation qui se trouveront dans des Regimens François, à l'exception toutesfois des Capitaines Suisses qui pourront, ainsi que par le passé, reprendre les Soldats de leur nation dans les Compagnies Françoises où il s'en trouvera.

XXX.

A l'égard des Officiers Reformez, qui ne seront point remplacez dans les Bataillons d'Infanterie Françoise, & à qui il sera permis de rester dans les Provinces jusques à nouvel ordre, ils y seront payez de leurs Appointemens , suivant les Estats qui en seront expediez & envoyez dans chaque Departement & Generalité.

XXXI.

CEUX que Sa Majesté a bien voulu entretenir à la suite des Regimens Royal Roussillon, Mailly & Nice, & qui ne seront point remplacez dans lesdits Bataillons, continüeront d'estre payez, Sçavoir, les Colonels & Lieutenans-Colonels, suivant les ordres particuliers qui leur en ont esté expediez ; les Capitaines à raison de Quatre cens cinquante livres par an, Et les Lieutenans fur le pied de Deux cens quarante livres.

XXXII.

Officiers Re-
formez, Par-
tifans, Soldats
de fortune &
autres, à la
fuite des Re-
gimens d'In-
fanterie Fran-
çoife.

LES Officiers Reformez, Partifans, Soldats de fortune & autres, entretenus à la fuite des Regimens d'Infanterie Françoife, & qui n'auront point efté remplacez comme Capitaines ou Lieutenans en fecond, continüeront pareillement d'eftre payez conformement aux ordres particuliers qui leur feront expediez.

XXXIII.

Officiers Re-
formez In-
genieurs.

LES Ingenieurs entretenus en qualité de Capitaines & Lieutenans Reformez à la fuite defdits Regimens, & qui font employez pour le Service de Sa Majefté dans les Places, continüeront d'y eftre payez à raifon de vingt-cinq fols par jour au Capitaine Reformé, Et de treize fols quatre deniers au Lieutenant Reformé.

XXXIV.

MINEURS.
Compagnie
de Valiere.

LA Compagnie de Mineurs de Valiere, qui eft de trente hommes les Officiers non compris, fera payée à raifon de cinq livres deux fols par jour au Capitaine, de trois livres fix fols huit deniers au premier Lieutenant; de cinquante fols au fecond Lieutenant, de quarante fols à chacun des deux Sous-Lieutenans, de trente-trois fols dix deniers à chacun des quatre Commandans, de vingt-trois fols dix deniers à chacun des quatre Caporaux, de vingt fols fix deniers à chacun des vingt-un Mineurs, & de dix fols fix deniers au Tambour : Le Capitaine de ladite Compagnie aura de plus trois payes de gratification de dix fols fix deniers chacune par jour, lorfque fa Compagnie fera de trente hommes, les Officiers non compris; Et touchera en outre fix livres treize fols quatre deniers par jour, par forme de fupplement d'Appointemens.

XXXV.

Compagnie
de Francard.

LA Compagnie de Mineurs de Francard, qui eft auffi de trente hommes les Officiers non compris, fera payée

à raison de six livres par jour au Capitaine; de trois livres au premier Lieutenant, de cinquante sols au second
Lieutenant, de quarante sols à chacun des deux Sous-Lieutenans, de trente sols six deniers à chacun des deux Sergens, de vingt sols six deniers à chacun des deux Caporaux, de quinze sols six deniers à chacun des seize anciens
Mineurs, de dix sols six deniers à chacun des neuf autres
Mineurs, & de dix sols six deniers au Tambour; Et le
Capitaine recevra, outre ses Appointemens, trois payes de
gratification à dix sols six deniers chacune par jour, lorsque
la Compagnie sera de trente hommes, sans les Officiers.

XXXVI.

LA Compagnie de Mineurs de l'Orme, qui est à trente
hommes, les Officiers non compris, sera payée à raison
de six livres par jour au Capitaine, de trois livres au
Lieutenant, de quarante sols au Sous-Lieutenant, de trente
sols six deniers à chacun des deux Sergens, de vingt
sols six deniers à chacun des deux Caporaux, de quinze
sols six deniers à chacun des seize anciens Mineurs, de
dix sols six deniers à chacun des neuf autres Mineurs,
& de dix sols six deniers au Tambour; Et le Capitaine
recevra, outre ses Appointemens, trois payes de gratification de dix sols six deniers chacune par jour, lorsque
la Compagnie se trouvera de trente hommes, sans les
Officiers.

Compagnie de l'Orme.

XXXVII.

LA Compagnie de Mineurs de Dabin, qui est aussi à
trente hommes, les Officiers non compris, sera payée à
raison de six livres par jour au Capitaine, de trois livres
au Lieutenant, de quarante sols au Sous-Lieutenant, de
vingt sols six deniers au premier Sergent, de seize sols
six deniers au second Sergent, de dix sols six deniers à
chacun des trois Caporaux, de huit sols six deniers à chacun des trois Anspessades, & de sept sols six deniers à
chacun des vingt-un Mineurs & au Tambour; Et le Ca-

Compagnie de Dabin.

pitaine recevra, outre fes Appointemens, trois payes de gratification de fept fols fix deniers chacune par jour, lorfque fa Compagnie fe trouvera de trente hommes, fans les Officiers.

XXXVIII.

Compagnie de Canoniers de Ferrand de Coffay.

LA Compagnie de Canoniers de Ferrand de Coffay, qui eft compofée de quarante hommes, fans les Officiers, fera payée à raifon de fix livres par jour au Capitaine, de quarante fols au premier Lieutenant, de trente fols au fecond Lieutenant, de vingt fols à l'Enfeigne, de vingt fols fix deniers à chacun des quatre Ouvriers, de feize fols fix deniers à chacun des deux Sergens, de onze fols fix deniers à chacun des trois Caporaux, de dix fols un denier à chacun des trois Anfpeffades, & de huit fols fix deniers à chacun des vingt-fept Canoniers & au Tambour : Le Capitaine devant recevoir trois payes de gratification de huit fols fix deniers chacune, quand la Compagnie fera de quarante hommes, deux defdites payes lorfqu'elle fera de trente-huit, & une feulement lorfqu'elle fe trouvera de trente-cinq, fans les Officiers.

XXXIX.

Compagnie Franche de Monaco.

LA Compagnie Franche de Monaco, fera payée à raifon de cinquante fols par jour au Capitaine, de vingt-cinq fols au Capitaine en fecond qui eft en ladite Compagnie, de vingt fols au Lieutenant, de quinze fols à l'Enfeigne, de dix fols fix deniers à chacun des deux Sergens, de fept fols fix deniers à chacun des trois Caporaux, de fix fols fix deniers à chacun des cinq Anfpeffades, & de cinq fols fix deniers à chaque Fufilier, jufques au nombre de quarante, compris un Tambour : Le Capitaine aura de plus quatre payes de gratification de cinq fols fix deniers chacune par jour, lorfque fa Compagnie fera compofée de cinquante hommes, les Officiers non compris.

XL.

XL.

LA Compagnie Franche de Saumery ; qui est aux
Isles Sainte Marguerite & de Saint Honorat, doit estre
composée du Capitaine, de deux Lieutenans, deux Sergens, un Caporal, un Anspessade, & trente-un Soldats,
Et payée à raison de deux livres dix-huit sols quatre deniers par jour au Capitaine, qui aura de plus aussi par
jour onze livres cinq sols par augmentation d'Appointemens, de trente sols à chaque Lieutenant, & encore
trente-trois sols quatre deniers d'Appointemens extraor-
dinaires, de douze sols à chacun des deux Sergens, de
huit sols au Caporal, de sept sols à l'Anspessade, de six
sols à chaque Soldat ; Et le Chapelain qui est avec ladite
Compagnie sera payé à raison de seize sols huit deniers
par jour.

Compagnie Franche de Saumery.

XLI.

LES Compagnies de l'Hostel des Invalides, qui sont
presentement sur le pied de soixante hommes, à la reserve de celle de Breuze, dont il sera parlé cy-aprés, seront
payées à raison de cinquante sols par jour au Capitaine ;
de vingt sols à chaque Lieutenant, de dix sols à chacun
des trois Sergens, de sept sols à chacun des trois Caporaux, de six sols à chacun des trois Anspessades, & de
cinq sols à chacun des cinquante Soldats & au Tambour.

Compagnie ordinaire Invalide.

XLII.

LADITE Compagnie de Breuze, qui est composée
d'un Capitaine-Commandant, d'un Capitaine en second, de quatre Lieutenans, de trois Sergens, trois Caporaux, trois Anspessades, & de cinquante-un Soldats,
compris un Tambour, sera payée à raison de cinquante
sols par jour au Capitaine-Commandant, & au Capitaine en second, de vingt sols à chaque Lieutenant, de
douze sols à chaque Sergent, de neuf sols à chaque Caporal, de huit sols à chaque Anspessade, & de sept sols à
chaque Soldat & Tambour.

Compagnie de Breuze Invalide.

XLIII.

En Temps de Guerre.

Compagnie ordinaire d'Infanterie Françoise.

LES Compagnies des Bataillons d'Infanterie Françoise, à l'exception de celle de Grenadiers, qui reſtera compoſée & payée comme en Temps de Paix ſur le pied de cinquante hommes, ſeront augmentées chacune d'un Sergent, d'un Caporal, d'un Anſpeſſade; & de dix-neuf Fuſiliers, leſquels recevront, ainſi qu'il eſt reglé cy-devant pour le Temps de Paix; Sçavoir, le Sergent onze ſols par jour, le Caporal ſept ſols ſix deniers, l'Anſpeſſade ſix ſols ſix deniers, & le Fuſilier cinq ſols ſix deniers, au moyen de laquelle augmentation, chaque Compagnie deſdits Bataillons ſera compoſée d'un Capitaine en pied, d'un Capitaine en ſecond, d'un premier Lieutenant, d'un Lieutenant en ſecond, de quatre Sergens, quatre Caporaux, quatre Anſpeſſades, ſoixante-dix-ſept Fuſiliers, & deux Tambours.

XLIV.

Appointemens du Capitaine d'Infanterie Françoiſe.

LORSQUE leſdites Compagnies ſeront de quatre-vingt onze hommes effectifs, ſans les Officiers, le Capitaine touchera quatre livres ſeize ſols quatre deniers par jour; de quatre-vingt neuf & quatre-vingt dix hommes, quatre livres dix ſols; de quatre-vingt ſix, quatre-vingt ſept & quatre-vingt huit hommes, quatre livres cinq ſols; de quatre-vingt trois, quatre-vingt quatre & quatre-vingt cinq hommes, quatre livres; de quatre-vingt deux hommes, trois livres quinze ſols; lorſqu'elles ne ſe trouveront compoſées que de ſoixante-dix-neuf, quatre-vingt ou quatre-vingt un hommes, le Capitaine n'aura que trois livres dix ſols par jour, dont il ne recevra que cinquante ſols, Et les vingt ſols reſtans demeureront entre les mains du Treſorier, pour eſtre payez, ainſi qu'il ſera ordonné par les Inſpecteurs Generaux, ſuivant ce qui a eſté cy-devant reglé pour leſdites Compagnies en Temps de

Paix : Et s'il arrivoit qu'une Compagnie ne fe trouvaft compofée que de foixante-dix-huit hommes & au deffous, le Capitaine n'aura que trois livres cinq fols par jour, fur laquelle fomme il luy fera retenu trente fols par jour, pour eftre la fomme provenant de cette retenüe, payée par le Treforier, fuivant ce qui eft cy-deffus expliqué.

XLV.

LA Maffe fera payée complette en Temps de Guerre, fur le pied de quatre Sergens & quatre-vingt fept, Caporaux, Anfpeffades, Soldats & Tambours par Compagnie ordinaire, montant pour chacune à cent quarante-deux livres dix fols par mois, faifant dix-fept cens dix livres par an, Et fur le pied de trois Sergens & quarante-fept, Caporaux, Anfpeffades, Grenadiers & Tambour par Compagnie de Grenadiers, montant à foixante-dix-neuf livres dix fols par mois, & à neuf cens cinquante-quatre livres par an, felon & ainfi qu'il eft cy-devant or-donné pour lefdites Compagnies en Temps de Paix; Et ce independamment du nombre de Soldats effectifs, dont elles pourront eftre compofées.

XLVI.

OUTRE les Appointemens cy-deffus reglez pour les Officiers d'Infanterie Françoife, également en Temps de Paix, & en Temps de Guerre, pendant l'hyver ou durant la Campagne, ceux des Bataillons qui ferviront dans les Armées, recevront de plus pour leur tenir lieu de Fou-rage, Uftancile & autres fournitures en Temps de Guerre; Sçavoir, le Capitaine de Grenadiers, ou autre Capitaine en pied defdits Bataillons, la fomme de Quin-ze cens livres par an, le Capitaine en fecond Quatre cens quarante livres, le premier Lieutenant Trois cens cinquante livres, le fecond Lieutenant Trois cens livres. Et à l'égard de ceux des Bataillons qui feront deftinez pour fervir dans les Places, le Capitaine en pied rece-vra feulement Mille livres, le Capitaine en fecond Trois cens livres, le premier Lieutenant Deux cens quarante livres, & le Lieutenant en second Deux cens livres.

XLVII.

LESDITS Capitaines en pied, à l'exception de celuy de Grenadiers, recevront de plus Quatre cens livres, pour tenir lieu d'Eſtape à leurs Recrües, au lieu de Deux cens livres qu'ils doivent recevoir en Temps de Paix ; Entendant Sa Majeſté, que lorſqu'une Compagnie ne ſe trouvera pas complette à la Reveüe qui ſe fera au retour des Semeſtres, ladite ſomme de Quatre cens livres ſoit retenüe ſur les Appointemens du Capitaine, ainſi que Sa Majeſté l'a cy-deſſus reglé pour les Deux cens livres qu'Elle fait payer en Temps de Paix.

XLVIII.

LES Officiers de l'Eſtat Major des Regimens d'Infanterie Françoiſe, qui ſerviront dans les Armées, outre les Appointemens qui leur ſont accordez en Temps de Paix, recevront pour leur tenir lieu de Fourage, Uſtancile & autres fournitures ; Sçavoir, le Colonel d'un Regiment qui avoit Prevoſté, Seize cens livres ; le Colonel d'un Regiment où il n'y avoit pas de Prevoſté, Douze cens livres ; le Lieutenant-Colonel Mille livres ; le Major Huit cens livres ; l'Ayde-Major Quatre cens quarante livres ; l'Aumoſnier Trois cens vingt livres, & le Chirurgien Major pareille ſomme de Trois cens vingt livres. A l'égard deſdits Officiers des Regimens qui ſeront deſtinez pour ſervir dans les Places, le Colonel d'un Regiment qui avoit Prevoſté, recevra Onze cens livres, outre ſes Appointemens ; le Colonel dont le Regiment n'avoit point de Prevoſté, Huit cens livres ; le Lieutenant-Colonel Sept cens livres ; le Major Cinq cens cinquante livres ; l'Ayde-Major Trois cens livres ; l'Aumoſnier Deux cens quarante livres, & le Chirurgien pareille ſomme de Deux cens quarante livres.

XLIX.

25

XLIX.

DANS les Regimens où il y a plusieurs Bataillons, le Commandant de chacun des Second, Troisiéme & Quatriéme Bataillons qui serviront dans les Armées, recevront aussi d'augmentation en Temps de Guerre, pour leur tenir lieu pareillement de Fourrage, Ustancile & autres fournitures, la somme de Mille livres, Et l'Ayde-Major de chacun desdits Bataillons recevra aussi Quatre cens quarante livres d'augmentation ; Et ceux des Bataillons destinez pour servir dans les Places, recevront, Sçavoir, le Commandant Sept cens livres, & l'Ayde-Major Trois cens livres.

L.

OUTRE le Traitement cy-dessus reglé, soit durant la Paix ou pendant la Guerre, pour les Officiers de l'Infanterie Françoise, ils continüeront de joüir des Pensions attachées à leurs Charges.

Pensions des Officiers d'Infanterie Françoise.

LI.

SA MAJESTÉ ne voulant rien omettre de ce qui peut faciliter aux Capitaines d'Infanterie Françoise le restablissement de leurs Compagnies, Elle a ordonné que les Capitaines de celles qui se trouveront plus fortes à la Reveüe du mois de Janvier, qu'aux Reveües des mois de Novembre & Decembre precedens, seront payez par forme de supplement sur ladite Reveüe de Janvier de ce qu'ils auroient dû recevoir, tant pour le payement des effectifs que pour leurs Appointemens, si leurs Compagnies s'estoient trouvées aux Reveües de ces deux mois de Novembre & Decembre au mesme nombre qu'elles se trouveront en Janvier, Et pareil decompte leur sera fait sur la Reveüe de la fin du Semestre, pour les mois de Fevrier & Mars precedens, ce qui sera observé soit pendant la Paix ou durant la Guerre.

Supplement d'Appointemens & solde aux Capitaines d'Infanterie Françoise.

LII.

EN Temps de Guerre, il sera fait pendant la Cam-

Reveües.

G

pagne trois Reveües par les Commiſſaires des Guerres, la premiere conjointement avec les Inſpecteurs Generaux au mois de May, la ſeconde au mois de Juillet, & la troiſiéme au mois de Septembre, Et le payement des Compagnies ſera fait ſur le pied des effectifs qui ſe trouveront à chacune deſdites Reveües; Voulant Sa Majeſté qu'elles ſoient payées pour les mois de May & Juin ſur celle du mois de May, pour les mois de Juillet & Aouſt ſur celle de Juillet, & pour les mois de Septembre & Octobre ſur celle de Septembre.

L I I I.

Appointemens du Capitaine d'Infanterie Françoiſe pendant les ſix mois de Campagne.

A l'égard des Appointemens des Capitaines d'Infanterie Françoiſe en Temps de Guerre, l'Intention de Sa Majeſté eſt que le decompte leur en ſoit fait pour les mois de May & Juin, ſur le pied du nombre d'hommes effectif dont leurs Compagnies ſe trouveront compoſées à ladite Reveüe de May, Et que lorſque leſdites Compagnies ſe trouveront à la Reveüe de Juillet moins fortes de trois hommes qu'à celle de May, & à celle de Septembre moins fortes de ſix, le decompte des Appointemens deſdits Capitaines ſoit fait ſur le pied des effectifs dont elles eſtoient compoſées audit mois de May, & ce nonobſtant ladite diminution de trois hommes en Juillet & de ſix en Septembre.

L I V.

Et afin que le decompte deſdits Appointemens puiſſe ſe faire pendant la Campagne, le Commiſſaire des Guerres qui aura fait la Reveüe d'un Regiment d'Infanterie au mois de May, ſera tenu d'en donner une expedition en forme au Major du Regiment, ou à l'Officier chargé du detail.

L V.

Suiſſes.

Quant aux Troupes d'Infanterie Eſtrangere, que Sa Majeſté trouve bon d'entretenir pendant la Paix, chaque Compagnie des Regimens Suiſſes de Villars,

Brendlé, Castellas, Heffy, Daffry, d'Hemel, de Buisson
& de Courten, pourra estre de cent soixante hommes,
Et chaque homme sera payé sur le pied de seize livres par
mois, dans lequel nombre de cent soixante hommes seront compris le Capitaine, un Capitaine-Lieutenant, un
Lieutenant, un sous-Lieutenant, un Enseigne, quatre
Sergens, un Porte-Enseigne, un Fourrier, un Capitaine
d'Armes, & un Prevost; lesquels grands & bas Officiers
seront payez par le Capitaine, à raison de Cent livres
par mois au Capitaine-Lieutenant, de Soixante-quinze
livres au Lieutenant, de Cinquante livres au Sous-Lieutenant, de Quarante-sept livres à l'Enseigne, de vingt-
cinq livres à chacun de deux des quatre Sergens, de vingt
livres à chacun des deux autres Sergens, de dix-huit
livres au Porte-Enseigne, de vingt livres au Fourrier,
de dix-huit livres au Capitaine d'Armes, & de quinze
livres au Prevost.

LVI.

CHAQUE Compagnie Suisse devra aussi avoir six Caporaux, six Anspessades & cent trente-cinq Fusiliers, compris
les Tambours & Fifres ; Estant à observer que dans les
Compagnies des Capitaines qui ne servent point au Corps,
le Capitaine-Lieutenant devra recevoir Cent trente livres
d'Appointemens par mois, Et les deux Lieutenans de
chacune de ces Compagnies, auront chacun Soixante-
quinze livres aussi par mois, outre les Appointemens du
Sous-Lieutenant, de l'Enseigne, & des autres Officiers
marquez cy-dessus.

LVII.

QUOIQUE chaque Compagnie Suisse puisse avoir
jusques à cent soixante hommes, elle sera neantmoins re-
putée complette lorsqu'elle se trouvera de cent quarante-
quatre hommes, tous les Officiers compris, Et estant audit
nombre de cent quarante-quatre hommes effectifs & au-
dessus, jusques à cent soixante, le Capitaine recevra outre

ce qui luy fera payé pour les effectifs, vingt-fept payes de Soldat de Gratification, Et quand elle fera de cent trente hommes & au-deſſus juſqu'à cent quarante-trois incluſivement, il luy fera payé ſeize payes de Gratification outre les effectifs; mais s'il arrive que la Compagnie ſe trouve au-deſſous de cent trente hommes, elle ne ſera payée que pour les effectifs, ſans que le Capitaine puiſſe pretendre aucune paye de Gratification.

LVIII.

COMME Sa Majeſté a ci-devant fait joindre enſemble deux Compagnies Suiſſes de cent hommes, pour faire le ſervice d'une Compagnie entiere, ſon intention eſt que le complet de deux deſdites Compagnies, qui ſont à preſent reduites à quatre-vingt hommes chacune & jointes enſemble, ſoit auſſi à cent quarante-quatre hommes, ſans avoir égard ſi une des deux à plus d'hommes que l'autre, dans les cens quarante-quatre qui s'y trouveront; Sa Majeſté laiſſant aux Capitaines la liberté de s'accommoder entre eux à cet égard. Elle trouve bon auſſi que les Capitaines dont les Compagnies ſont ainſi couplées, y ſervent alternativement pendant un an, & que celuy des deux qui pourra s'abſenter ſoit payé comme preſent; Et parce qu'il y a pluſieurs Compagnies qui ſont jointes, dont les Capitaines ont d'autres Charges où ils preferent de ſervir, & ſont obligez d'avoir auſdites Compagnies des Capitaines pour les commander en leur abſence, Sa Majeſté veut bien auſſi permettre auſdits Capitaines Commandans de s'abſenter alternativement, Et a ordonné que pendant l'année de leur abſence, ils ne ſeront payez de leurs Appointemens qu'à raiſon de cinquante livres par mois, au lieu que dans l'année de leur ſervice, ils les recevront à l'ordinaire ſur le pied de Cent trente livres par mois.

LIX.

Eſtat Major

L'ESTAT-MAJOR de chacun deſdits Regimens Suiſſes;
fera

Du 6. Avril 1718.

fera payé à raifon de Mille livres par mois dans le lieu
où la Compagnie Colonelle dudit Regiment fe trouvera.

des Regimens Suiffes.

LX.

LA demie Compagnie Suiffe de Schwitzer qui eſt de
quatre-vingt hommes, doit avoir la moitié des Officiers
qui font cy-deffus marquez pour une Compagnie entiere, Et elle fera payé pour les prefens & effectifs qui s'y
trouveront jufqu'au nombre de quatre-vingt, quand il
y aura foixante-douze hommes & au-deffus jufques à quatre-vingt; Le Capitaine recevra outre le payement des
effectifs treize payes & demie de Gratification, Et lorfqu'il
aura foixante-cinq hommes jufqu'à foixante-onze inclufivement, il touchera huit payes de Gratification; Mais s'il
arrive que fa Compagnie foit au-deffous de foixante-
cinq, elle ne fera payée que pour les effectifs, fans aucune paye de Gratification.

Demie Compagnie Suiffe de Schwitzer.

LXI.

LE quart de Compagnie Suiffe de Reynold, qui a eſté
confervé à cinquante hommes, les Officiers compris, doit
avoir le quart des Officiers d'une Compagnie entiere, Et
le Capitaine recevra fept payes de Gratification, outre
le payement des effectifs, quand fa Compagnie fe trouvera depuis quarante-deux jufqu'à cinquante, Et cinq payes
de Gratification lorfqu'elle fera de trente-huit jufques à
quarante-un inclufivement, fans que le Capitaine puiffe
pretendre aucune defdites payes de Gratification, fa Compagnie fe trouvant au-deffous dudit nombre de trente-huit,
les Officiers compris.

Quart de Compagnie de Reynold Suiffe.

LXII.

S'IL arrive qu'un Officier d'une Compagnie Suiffe
s'en abfente fans Congé, ou qu'il outrepaffe celuy qui
luy aura eſté donné, il fera retenu fur la Solde de la
Compagnie huit places pour le Capitaine, ou le Capitaine-Lieutenant abfent fans Congé, fix places pour le

Retenüe pendant l'abfence des Officiers Suiffes.

H

Lieutenant ou le second Lieutenant ; quatre pour le Sous-Lieutenant, & trois pour l'Enseigne, pour autant de jours que durera l'absence de l'Officier sans Congé.

LXIII.

SA MAJESTÉ se reservant en Temps de Guerre de fixer le nombre des Soldats dont Elle jugera à propos d'augmenter les Compagnies Suisses, lesdites Troupes seront alors payées sur le pied reglé en Temps de Guerre.

LXIV.

Infanterie Allemande, Alsace, Sparre. La Marck. Lenck. Royal Baviere.

LES deux Bataillons du Regiment d'Infanterie Allemande d'Alsace, & les Regimens de Sparre, la Marck, Lenck, & Royal Baviere qui sont composez de huit Compagnies de soixante-quinze hommes chacune, seront payez à raison de treize livres par homme par mois, quand une Compagnie desdits Regimens sera depuis soixante-dix hommes jusqu'à soixante-quinze, les Officiers non compris; Le Capitaine recevra outre ce qui luy sera payé pour les effectifs, huit payes de Gratification de treize livres chacune par mois; six desdites payes lorsque la Compagnie sera depuis soixante-cinq jusques à soixante-dix; quatre desdites payes lorsqu'elle sera depuis soixante jusques à soixante-cinq; & deux desdites payes losqu'elle sera depuis cinquante-cinq jusques à soixante; Et s'il arrive que la Compagnie soit au-dessous dudit nombre de cinquante-cinq, elle ne sera payée que pour les effectifs, sans que le Capitaine puisse pretendre aucune paye de Gratification : Entendant Sa Majesté que dans le nombre cy-dessus de soixante-quinze hommes, soient compris un premier Sergent qui sera payé sur le pied de treize sols par jour, deux autres Sergens de douze sols chacun, un Fourrier de neuf sols, un Capitaine d'Armes aussi de neuf sols, deux Fourriers-Schultz de huit sols chacun; quatre Caporaux & deux Tambours de sept sols chacun; huit Anspessades de six sols six deniers chacun, & cinquante-quatre Fuſiliers de cinq ſols ſix deniers chacun.

LXV.

A l'égard des Officiers deſdites Compagnies, Sa Majeſté a trouvé bon de leur accorder encore par mois,
Sçavoir, à chaque Capitaine en pied, outre leſdites payes
de Gratification, quatre-vingt dix livres; au Capitaine en
ſecond ſoixante livres; au premier Lieutenant de chaque Compagnie cinquante-une livres; au ſecond Lieutenant quarante-cinq livres, & à un Lieutenant reformé
& un Enſeigne par Compagnie trente livres.

LXVI.

Il ſera payé pour l'Eſtat Major de chacun deſdits Regimens Mille livres par mois au Colonel; Cent ſoixante
livres au Lieutenant-Colonel, outre ſes Appointemens
de Capitaine; Trois cens livres au Major qui ſera ſans
Compagnie & pour luy tenir lieu de la paye de Capitaine; Cent livres à l'Interprete; Quatre-vingt dix livres
à l'Ayde-Major de chaque Bataillon; Quarante-cinq
livres à l'Aumônier; Cinquante livres au Chirurgien;
Cinquante livres à l'Auditeur; vingt livres au Greffier;
quarante livres au Prevoſt; vingt livres au Tambour
Major, & dix-huit livres à chacun des deux Archers &
à l'Executeur; Et au Commandant du ſecond Bataillon
du Regiment d'Alſace Soixante livres; Et au S.ʳ Marion
Capitaine audit Regiment, qui y commandoit cy-
devant le Quatriéme Bataillon, & aux S.ʳˢ de Fra-
han & de Lawer qui commandoient les Seconds Bataillons deſdits Regimens de la Marck & de Lenck Soixante livres, qui eſt la paye de Commandant de Bataillon, que Sa Majeſté a bien voulu leur continüer tant qu'ils
demeureront Capitaines en pied, comme ils ſont.

Eſtat Major
deſdits Regi-
mens d'Infan-
terie Alle-
mande.

LXVII.

Les Colonels & Lieutenans-Colonels Reformez, entretenus à la ſuite deſdits Regimens, ſeront payez à raiſon de Seize cens quarante-deux livres dix ſols par an,

Officiers Re-
formez à la
ſuite des Re-
gimens d'In-

fanterie Alle-
mande.

à la referve de ceux aufquels Sa Majefté a fait expedier des ordres particuliers fur lefquels ils doivent eftre payez.

LXVIII.

Autres Offi-
ciers Refor-
mez à la fuite
defdits Regi-
mens.

LES Capitaines Reformez defdits Regimens, non compris ceux dont il fera parlé cy-aprés, feront payez à raifon de Sept cens vingt livres par an, Et chaque Lieutenant ou Enfeigne Reformé fur le pied de Trois cens foixante livres; Entendant Sa Majefté, que ceux defdits Capitaines Reformez qui eftoient en pied dans lefdits Regimens de Sparre, la Marck & Lenck, & qui ont efté Reformez par la reduction des Bataillons defdits Regimens, foient payez en conformité des ordres qui leur feront expediez, fur le pied de Quatorze cens quarante livres par an pendant trois années feulement, à compter du premier Janvier dernier, pour leur donner le moyen de payer les dettes qu'ils ont efté obligez de contracter pendant la Guerre derniere; aprés lequel temps expiré, ils n'auront plus que Sept cens vingt livres par an, de mefme que les autres Capitaines Reformez.

LXIX.

SA MAJESTÉ fe referve de regler le nombre d'hommes, dont Elle jugera à propos d'augmenter en Temps de Guerre les Compagnies defdits Regimens.

LXX.

Royal Italien,
Compagnie
ordinaire.

CHACUNE des Compagnies du Regiment Royal d'Infanterie Italienne, à la referve de celle des Grenadiers, doit eftre compofée du Capitaine, d'un Lieutenant, d'un Enfeigne, deux Sergens, trois Caporaux, cinq Anfpeffades, dix Appointez, compris les Portes-outils, vingt-neuf Fufiliers & un Tambour, Et eftre payée à raifon de quatre livres par jour au Capitaine, de trente-deux fols au Lieutenant, de vingt-quatre fols à l'Enfeigne, de quatorze fols à chacun des deux Sergens, de neuf fols dix deniers à chacun des trois Caporaux, de huit fols cinq deniers à

chacun

chacun des cinq Anspessades, de huit sols cinq deniers au Tambour, de sept sols six deniers à chacun des dix Appointez, & de sept sols à chacun des vingt-neuf Fusiliers, SA MAJESTÉ entendant que, quand la Compagnie sera de quarante-huit hommes effectifs, sans les Officiers, le Capitaine reçoive cinq payes de Gratification de sept sols chacune par jour, quatre lorsqu'elle sera à quarante-quatre, & trois lorsqu'elle ne se trouvera que de quarante, sans que ledit Capitaine puisse pretendre aucune paye de Gratification, sa Compagnie estant au-dessous dudit nombre de quarante, les Officiers non compris.

LXXI.

LA Compagnie des Grenadiers du Regiment Royal Italien, doit estre composée du Capitaine, d'un Lieutenant, d'un Sous-Lieutenant, deux Sergens, trois Caporaux, cinq Anspessades, trente-neuf Grenadiers & un Tambour, Et estre payée à raison de quatre livre seize sols par jour au Capitaine, de cinquante-un sols deux deniers au Lieutenant, de trente-deux sols au Sous-Lieutenant, de quinze sols à chacun des deux Sergens, de dix sols dix deniers à chacun de trois Caporaux, de neuf sols cinq deniers à chacun des cinq Anspessades, de huit sols à chacun des trente-neuf Grenadiers, & de neuf sols cinq deniers au Tambour : Le Capitaine touchera de plus cinq payes de Gratification de huit sols chacune par jour, quand sa Compagnie sera de cinquante hommes effectifs, sans les Officiers, quatre desdites payes lorsqu'elle sera de quarante-cinq, & trois quand elle ne sera que de quarante.

Compagnie de Grenadiers du Regiment Royal Italien.

LXXII.

L'ESTAT Major dudit Regiment sera payé à raison de treize livres six sols huit deniers par jour au Colonel, de trois livres quatre sols au Lieutenant-Colonel, de quatre livres au Major, de quatre livres à l'Interprete, de quarante-huit sols à l'Ayde-Major, de vingt-quatre sols au

Estat Major du Regiment Royal Italien.

I

Marefchal des Logis, de trente-deux fols à l'Aumofnier, de quinze fols au Chirurgien, de trente-deux fols au Prevoft, de feize fols à fon Lieutenant, de dix fols au Greffier, de fix fols huit deniers à chacun des cinq Archers & à l'Executeur, & de huit fols au Tambour Major.

LXXIII.

Officiers Reformez à la fuite du Regiment Royal Italien.

LES Officiers Reformez fervant à la fuite dudit Regiment y feront payez, fçavoir, les Colonels à raifon de Douze cens livres par an, les Lieutenans-Colonels de Mille livres, les Capitaines de Sept cens vingt livres, & les Lieutenans de Quatre cens trente-deux livres, à la referve de ceux qui eftoient Enfeignes ou Sous-Lieutenans dans les Regimens de Mouroux & de Saint Second, lefquels ne feront payez que fur le pied de Trois cens livres.

LXXIV.

Infanterie Irlandoife.
Lée.
Obrien.
Dyllon.

Compagnie ordinaire.

CHAQUE Compagnie des Regimens d'Infanterie Irlandoife de Lée, Obrien & Dyllon, à la referve de celle des Grenadiers, doit eftre compofée du Capitaine, d'un Capitaine Reformé, d'un Lieutenant, d'un Lieutenant Reformé, d'un Enfeigne dans chacune des Compagnies Colonelles & des Lieutenans-Colonels feulement, deux Sergens, trois Caporaux, trois Anfpeffades, vingt-un Fufiliers & un Tambour, Et eftre payée à raifon de cinq livres par jour au Capitaine, de trois livres fix fols huit deniers au Capitaine Reformé, de quarante-cinq fols au Lieutenant, de trente fols au Lieutenant Reformé, de trente-fix fols à l'Enfeigne de chacune des Compagnies Colonelles & des Lieutenans-Colonels, de treize fols à chacun des deux Sergens, de huit fols fix deniers à chacun des trois Caporaux, de fept fols fix deniers à chacun des trois Anfpeffades, & de fix fols fix deniers à chacun des vingt-un Fufiliers & au Tambour : Le Capitaine recevra de plus trois payes de Gratification de fix fols fix deniers chacune par jour, lorfque fa Compagnie fe trouvera compofée de trente hommes, les Officiers non compris,

Du 6. Avril 1718.

35

deux quand elle ſera de vingt-huit, & une ſeulement lorſqu'elle ne ſera que de vingt-cinq, ſans les Officiers.

LXXV.

La Compagnie de Grenadiers qui eſt en chacun deſdits Regimens de Lée, Obrien & Dyllon doit eſtre payée
à raiſon de ſix livres par jour au Capitaine, de trois livres
ſix ſols huit deniers au Capitaine Reformé, de trois livres
dix ſols au Lieutenant, de trente ſols au Lieutenant Reformé, de quatorze ſols à chacun des deux Sergens, de
neuf ſols ſix deniers à chacun des trois Caporaux, de huit
ſols ſix deniers à chacun des trois Anſpeſſades, & de ſept
ſols ſix deniers à chacun des vingt-deux Grenadiers, le
Tambour compris; Et le Capitaine recevra par jour trois
payes de Gratification de ſept ſols ſix deniers chacune,
quand il aura trente hommes effectifs à ſa Compagnie,
ſans les Officiers, deux lorſqu'il en aura vingt-huit, &
une quand elle ne ſera qu'à vingt-cinq, ſans que les Capitaines deſdits Regimens en puiſſent pretendre aucune,
leurs Compagnies eſtant au-deſſous dudit nombre de
vingt-cinq.

Compagnie de Grenadiers deſdits Regimens de Lée, Obrien & Dyllon.

LXXVI.

L'Estat Major de chacun deſdits Regimens de Lée,
Obrien & Dyllon, ſera payé à raiſon de treize livres ſix
ſols huit deniers par jour au Colonel outre ſes Appointemens de Capitaine, de quarante-cinq ſols au Lieutenant-
Colonel auſſi outre ſa paye de Capitaine, de ſix livres
treize ſols quatre deniers au Major pour ſes appointemens
en ladite qualité & pour luy tenir lieu de la paye de Capitaine, de cinq livres à l'Interprete, de trois livres à l'Ayde-
Major, y compris la paye de Lieutenant, de quarante ſols
à l'Aumoſnier, de trente ſols au Chirurgien-Major, & de
trente ſols au Mareſchal des Logis.

Eſtat Major des Regimens de Lée, Obrien & Dyllon.

LXXVII.

Les Officiers Reformez deſdits Regimens de Lée,
Obrien & Dyllon qui ſervent dans les Brigades qui en ont

Officiers Re-formez des Regimens de

Lée, Obrien & Dyllon.

esté formées feront payez, Sçavoir, les Officiers qui estoient desdits Regimens de Lée, Obrien & Dyllon à raison de cent sols par jour au Colonel Reformé, de cent sols aussi par jour au Lieutenant-Colonel Reformé, de trois livres six sols huit deniers à chaque Capitaine Reformé, & de

Officiers Reformez sortis des Regimens d'Odonel & de Galmoy.

trente sols à chaque Lieutenant Reformé ; Et les Officiers qui sont sortis des Regimens d'Odonel & de Galmoy, à raison de trois livres quinze sols par jour à chaque Colonel & Lieutenant-Colonel Reformé, de quarante-cinq sols dix deniers à chaque Capitaine Reformé, & de vingt-un sols huit deniers à chaque Lieutenant Reformé.

LXXVIII.

Pension des Colonels des Regimens de Lée, Obrien & Dyllon.

SA MAJESTÉ a bien voulu accorder Quatre mille sept cens livres de pension chaque année aux S.rs Lée, Obrien & Dyllon Colonels desdits Regimens, au lieu de Deux mille livres dont ils joüissoient cy-devant ; au moyen de laquelle augmentation, Sa Majesté leur fait deffense de retenir à l'avenir les quatre deniers par jour sur la Masse des Sergens, Caporaux, Anspessades & Soldats, ainsi qu'il se pratiquoit par le passé, Voulant que la paye cy-dessus fixée ausdits Sergens, Caporaux, Anspessades & Soldats leur soit payée en entier, à la déduction seulement d'un sol qui sera mis pour la Masse.

LXXIX.

d'Oringthon. Berwick.

Compagnie ordinaire.

CHAQUE Compagnie des Regimens d'Infanterie Irlandoise, de d'Oringthon & de Berwick doit estre composée, à la reserve des Compagnies de Grenadiers, du Capitaine, d'un Capitaine Reformé, d'un Lieutenant, d'un Lieutenant Reformé, d'un Enseigne dans les Compagnies Colonelles & des Lieutenans-Colonels seulement, deux Sergens, trois Caporaux, trois Anspessades, vingt-un Fusiliers & un Tambour ; Et doit estre payée à raison de trois livres quinze sols par jour au Capitaine, de quarante-cinq sols dix deniers au Capitaine Reformé, de trente-deux sols six deniers au Lieutenant, de vingt-un sols huit

deniers

deniers au Lieutenant Reformé, de vingt-cinq sols six deniers à l'Enseigne de chacune des Compagnies Colonelles & des Lieutenans-Colonels, de treize sols à chacun des deux Sergens, de huit sols six deniers à chacun des trois Caporaux, de sept sols six deniers à chacun des trois Anspessades, & de six sols six deniers à chacun des vingt-un Fusiliers & au Tambour : Le Capitaine recevra de plus trois payes de Gratification de six sols six deniers chacune par jour, lorsque sa Compagnie sera composée de trente hommes, deux quand elle sera de vingt-huit, & une seulement lorsqu'elle sera de vingt-cinq, sans les Officiers.

LXXX.

LA Compagnie de Grenadiers qui est en chacun desdits Regimens de d'Oringthon & de Berwick, doit estre payée à raison de quatre livres quinze sols par jour au Capitaine, de quarante-cinq sols dix deniers au Capitaine Reformé, de cinquante-un sols au Lieutenant, de vingt-un sols huit deniers au Lieutenant Reformé, de quatorze sols à chacun des deux Sergens, de neuf sols six deniers à chacun des trois Caporaux, de huit sols six deniers à chacun des trois Anspessades, & de sept sols six deniers à chacun des vingt-deux Grenadiers, compris le Tambour; Et le Capitaine recevra par jour trois payes de Gratification de sept sols six deniers chacune, quand il aura trente hommes effectifs à sa Compagnie, sans les Officiers, deux lorsqu'il en aura vingt-huit, & une lorsqu'elle ne sera que de vingt-cinq, sans que les Capitaines desdits Regimens en puissent pretendre aucune, leurs Compagnies estant au-dessous dudit nombre de vingt-cinq.

Compagnie de Grenadiers des Regimens d'Oringthon & de Berwick.

LXXXI.

L'ESTAT Major desdits Regimens de d'Oringthon, & de Berwick sera payé à raison de sept livres dix sols par jour au Colonel, de trente-deux sols six deniers au Lieutenant-Colonel, de quatre livres onze sols huit deniers au Major, de quarante-six sols huit deniers à l'Ayde-Major, de

Estat Major des Regimens de d'Oringthon & de Berwick.

K

vingt-cinq fols au Marefchal des Logis, de vingt-cinq fols à l'Aumofnier, de vingt fols au Chirurgien, de vingt-fix fols huit deniers au Prevoft, de treize fols quatre deniers à fon Lieutenant, de huit fols quatre deniers au Greffier, & de cinq fols à chacun des cinq Archers & à l'Executeur.

LXXXII.

Pour tenir lieu d'Eftape aux Recrües des Regimens de Léc, Obrien, Dyllon, d'Oringthon & Berwick.

LES Capitaines en pied defdits Regimens de Lée, Obrien, Dyllon, d'Oringthon & Berwick, à l'exception des Capitaines de Grenadiers, recevront chaque année dans le temps du Semeftre la fomme de Cent livres chacun, pour tenir lieu d'Eftape à leurs Recrües; Voulant Sa Majefté que lors qu'une Compagnie ne fe trouvera pas complette à la Reveüe qui fe fera au retour dudit Semeftre, ladite fomme de Cent livres foit retenüe fur les Appointemens du Capitaine, ainfi qu'il eft cy-deffus reglé pour l'Infanterie Françoife.

LXXXIII.

Brigades de d'Oringthon & de Berwick.

LES Brigades qui font compofées des Officiers Reformez defdits Regimens de d'Oringthon & de Berwick, feront payées à raifon de trois livres quinze fols par jour au Colonel Reformé, trois livres quinze fols auffi par jour au Lieutenant-Colonel Reformé, de quarante-cinq fols dix deniers au Capitaine Reformé, & de vingt-un fols huit deniers au Lieutenant Reformé.

LXXXIV.

Brigade de Bourck.

LES Officiers Reformez du Regiment d'Infanterie Irlandoife de Bourck, qui fervent à la Brigade qui refte dudit Regiment qui a paffé en Efpagne, feront payez à raifon de quarante-cinq fols dix deniers par jour au Capitaine Reformé, & de vingt-un fols huit deniers au Lieutenant Reformé.

LXXXV.

Officiers Reformez Irlandois retirez en Languedoc.

LES Officiers Reformez Irlandois qui font en Languedoc, continüeront d'y eftre payez de leurs Appointemens ordinaires.

LXXXVI.

SA MAJESTÉ se reserve de fixer le nombre d'hommes, dont Elle jugera à propos d'augmenter en temps de Guerre les Compagnies desdits Regimens de Lée, Obrien, Dyllon, d'Oringthon & de Berwick.

LXXXVII.

ET pour procurer aux Capitaines d'Infanterie Estrangere tous les avantages qui peuvent contribuer aux restablissement de leurs Compagnies; VEUT Sa Majesté qu'en Temps de Paix, ou en Temps de Guerre, celles qui se trouveront plus fortes à la Reveüe du mois de Janvier, qu'aux Reveües des mois de Novembre & Decembre precedens, soient payées par forme de supplement sur ladite Reveüe de Janvier, de ce qu'ils auroient dû recevoir, tant pour le payement des effectifs que pour leurs Appointemens, si leurs Compagnies s'estoient trouvées aux Reveües desdits deux mois de Novembre & Decembre au mesme nombre qu'elles se trouveront en Janvier, Et que pareil decompte leur soit fait sur la Reveüe d'Avril pour les mois de Fevrier & Mars precedens.

Supplement d'Appointemens & Solde aux Capitaines d'Infanterie Estrangere.

LXXXVIII.

QUANT aux Reveües de Campagne, en Temps de Guerre, il n'en sera fait que trois par les Commissaires des Guerres, ainsi que dans l'Infanterie Françoise; La premiere conjointement avec les Inspecteurs Generaux au mois de May; La seconde au mois de Juillet, Et la troisiéme au mois de Septembre, Et le payement des Compagnies sera fait sur le pied des effectifs qui se trouveront à chacune desdites Reveües; Voulant Sa Majesté qu'elles soient payées pour les mois de May & Juin sur celle du mois de May; pour les mois de Juillet & Aoust sur celle de Juillet; & pour les mois de Septembre & Octobre sur celle de Septembre.

Reveües des Regimens d'Infanterie Estrangere.

LXXXIX.

Traitement de la Cavalerie & des Dragons.

CAVALERIE.
En Temps de Paix.

Carabiniers.

CHAQUE Compagnie du Regiment Royal des Carabiniers, continüera d'eftre payée en Temps de Paix à raifon de fix livres par jour au Capitaine, de trois livres au Lieutenant, de trente fols au Marefchal des Logis, de neuf fols à chacun des deux Brigadiers, & de huit fols à chacun de vingt-trois Carabiniers, y compris le Trompette, ainfi que le Timballier des Compagnies où il doit y en avoir un, outre le Fourrage qui fera fourni à raifon d'une Ration pour chaque Brigadier, Carabinier, Trompette & Timballier, fans aucune retenüe pour la Remonte.

X C.

Maffe des Carabiniers.

IL fera de plus payé par Sa Majefté un fol par jour pour chaque Brigadier, Carabinier, Trompette ou Timballier, à raifon de vingt-cinq hommes par Compagnie, à titre de Maffe, montant à trente-fept livres dix fols par mois, faifant Quatre cens cinquante livres par an, laquelle fera remife par le Treforier à l'Officier chargé du detail de chaque Brigade, fuivant les ordres de l'Infpecteur.

X C I.

Remonte des Carabiniers.

IL fera auffi payé tous les ans dans le temps du Semeftre la fomme de Mille livres à chaque Capitaine de Carabiniers, pour luy tenir lieu de Remonte.

X C I I.

Ayde-Major de Carabiniers.

L'AYDE-MAJOR qui eft en chacune des cinq Brigades dudit Regiment, recevra trois livres par jour.

X C I I I.

A l'égard des augmentations qui pourroient eftre faites par la fuite dans ledit Regiment, Sa Majefté y pourvoira

41

voira en Temps de Guerre, ainſi qu'Elle eſtimera convenable au bien de ſon ſervice.

XCIV.

LES Officiers des Carabiniers continüeront d'eſtre payez des Penſions qu'il a plû à Sa Majeſté d'attacher à leurs Charges.

Penſions des Officiers de Carabiniers.

XCV.

DANS les autres Regimens de Cavalerie Françoiſe, chaque Compagnie ſera compoſée en Temps de Paix, d'un Capitaine en pied, d'un Capitaine en ſecond, d'un premier Lieutenant, d'un Lieutenant en ſecond, d'un Mareſchal des Logis, de deux Brigadiers, & de vingt-trois Cavaliers y compris le Trompette, ainſi que le Timballier dans les Compagnies qui doivent en avoir; Et ſera payée à raiſon de ſix livres par jour au Capitaine en pied, de trois livres au Capitaine en ſecond, de cinquante ſols au premier Lieutenant, de trente-trois ſols quatre deniers au Lieutenant en ſecond, de vingt-huit ſols au Mareſchal des Logis, de huit ſols à chacun des deux Brigadiers, & de ſept ſols à chaque Cavalier, Trompette & Timballier, ſans aucune retenüe pour la remonte, outre une Ration de Fourrage qui ſera fournie par jour à chaque Brigadier, Cavalier, Trompette & Timballier.

Cavalerie Françoiſe en Temps de Paix.

XCVI.

LES Gardes du Corps reformez, que Sa Majeſté a bien voulu entretenir dans le nombre deſdits Cavaliers, auront dix ſols par jour, au lieu de ſept ſols que doivent recevoir les autres Cavaliers.

Gardes du Corps Reformez entretenus dans les Regimens de Cavalerie.

XCVII.

IL ſera payé dans la Compagnie Colonelle du Regiment Colonel General de la Cavalerie deux Sous-Lieutenans, à raiſon de cinquante ſols chacun par jour : Il ſera auſſi payé deux Cornettes dans ladite Compagnie Colonelle Generale, à raiſon de trente-ſept ſols ſix de-

Sous-Lieutenans & Cornettes dans la Colonelle du Regiment Colonel General.

L

niers chacun par jour; au moyen de quoy il n'y fera point entretenu de Capitaine, ni de Lieutenant en fecond.

XCVIII.

Lieutenans & Cornettes dans la Compagnie du Meftre de Camp & Commiffaire General.

DANS chacune des Compagnies du Meftre de Camp General & du Commiffaire General de la Cavalerie, il y aura deux Lieutenans payez à raifon de cinquante fols chacun par jour, & deux Cornettes à raifon de trente-fept fols fix deniers chacun; au moyen de quoy il n'y aura point de Capitaines ni de Lieutenans en fecond à la fuite defdites deux Compagnies.

XCIX.

Maffe de la Cavalerie.

OUTRE la Solde cy-deffus, qui fera payée fans aucun retranchement aufdits Brigadiers, Gardes du Corps Reformez, Cavaliers, Trompettes & Timballiers, ils auront encore un fol par jour chacun, fur le pied de vingt-cinq hommes par Compagnie, dont le fonds reftera entre les mains du Treforier, pour compofer dans chaque Compagnie une Maffe deftinée à fon habillement, montant à trente-fept livres dix fols par mois, & Quatre cens cinquante livres par an, de laquelle Maffe le Treforier donnera fa reconnoiffance à l'Officier chargé du detail du Regiment, pour eftre payée fur les ordres de mainlevée de l'Infpecteur dans le departement duquel fe trouvera le Regiment, vifez du Colonel General de la Cavalerie.

C.

Ayde-Majors de Cavalerie.

L'AYDE-MAJOR entretenu dans chaque Regiment de Cavalerie, fera payé à raifon de trois livres fix fols huit deniers par jour.

CI.

Penfion de Lieutenant-Colonel.

CHAQUE Lieutenant-Colonel en pied de Cavalerie Françoife aura Six cens livres de Penfion par an, outre les Appointemens qu'il reçoit en qualité de Capitaine.

CII.

Penfion du Meftre de

LE Meftre de Camp General de la Cavalerie continüera de joüir de la Penſion de Quatre mille cinq cens livres, qu'il reçoit en ladite qualité. Camp Geveral.

C I I I.

CHAQUE Capitaine en pied de Cavalerie Françoiſe, outre les Appointemens cy-deſſus reglez, recevra encore Six cens cinquante livres par an dans le temps des Semeſtres, pour la remonte de ſa Compagnie. Remonte de Cavalerie Françoiſe.

C I V.

QUANT aux Officiers Reformez qui ſont à la ſuite des Regimens de Cavalerie Françoiſe, & qui ne ſe trouveront pas remplacez dans leſdits Regimens en qualité de Capitaines en ſecond, ou de Lieutenans en ſecond, ils continüeront d'eſtre payez de leurs Appointemens, ſuivant les Eſtats qui en ſeront expediez & envoyez dans les Departemens où ils ont permiſſion de reſider. Officiers Reformez de Cavalerie.

C V.

LE Regiment de Cavalerie Irlandoiſe de Nugent ſera entretenu & payé ſur le pied des Regimens de Cavalerie Françoiſe, à l'exception des Capitaines en ſecond qui auront quatre livres par jour, des Lieutenans en ſecond qui recevront trente-huit ſols onze deniers par jour, & de l'Aumoſnier qui y a eſté conſervé, lequel aura trente ſols auſſi par jour. Cavalerie Irlandoiſe de Nugent.

C V I.

A l'égard des Officiers Reformez à la ſuite dudit Regiment, ceux qui n'y auront pas eſté remplacez comme Capitaines & Lieutenans en ſecond, continüeront d'eſtre payez à raiſon de ſix livres deux ſols trois deniers par jour à chaque Meſtre de Camp Reformé, de cinq livres ſeize ſols huit deniers à chaque Lieutenant-Colonel Reformé, de quatre livres à chaque Capitaine, & de trente-huit ſols onze deniers à chaque Lieutenant auſſi Reformé. Officiers Reformez à la ſuite de Nugent.

C V I I.

CHAQUE Compagnie du Regiment Royal-Allemand Cavalerie, doit eſtre payée à raiſon de ſix livres par jour Regiment Royal-Allemand.

au Capitaine en pied, de trois livres au Capitaine en second, de trois livres au premier Lieutenant, de trente-trois sols quatre deniers au Lieutenant en second, de trente sols au Mareschal des Logis, de neuf sols à chacun des trois Brigadiers, & de sept sols à chaque Cavalier, Cadet, Trompette & Timballier; jusques au nombre de vingt-deux, il sera encore payé un sol par jour à chaque Cadet qui passera en Reveüe entre les Cavaliers, suivant le Certificat du Commandant du Regiment. Il sera de plus fourni une Ration de Fourrage par jour à chacun desdits Brigadiers, Cavaliers, Cadets, Trompettes & Timballiers.

CVIII.

Estat Major du Regiment Royal-Allemand.

L'ESTAT Major dudit Regiment Royal-Allemand, sera payé à raison de six livres treize sols quatre deniers par jour au Mestre de Camp, de cinq livres à chacun des deux Lieutenans-Colonels, de huit livres six sols huit deniers au Major, tant pour ses Appointemens de Major, que pour luy tenir lieu d'Appointemens de Capitaine, de cinquante-trois sols quatre deniers à chacun des deux Aydes-Majors, de vingt-six sols huit deniers au Mareschal des Logis, de trente-trois sols quatre deniers au Prevost, de vingt-six sols huit deniers à son Lieutenant, de vingt sols au Greffier, de vingt-six sols huit deniers au Chirurgien, & de quinze sols à chacun des quatre Archers & à l'Executeur.

CIX.

Compagnie Mestre de Camp du Regiment de Courcillon.

LA Compagnie Mestre de Camp du Regiment de Cavalerie Estrangere de Courcillon, sera payée à raison de six livres par jour au Capitaine en pied, de trois livres au Capitaine en second, de quatre livres au premier Lieutenant, de trente-trois sols quatre deniers au second Lieutenant, de trois livres à chacun des deux Sous-Lieutenans, de trente sols au Mareschal des Logis, de neuf sols à chacun des trois Brigadiers, de huit sols huit

deniers

deniers à chacun des trois Sous-brigadiers, & de sept sols à chacun des dix-neuf Cavaliers compris un Trompette, outre le Fourrage qui sera fourni ausdits Brigadiers, Sous-brigadiers, Cavaliers & Trompette.

C X.

LES autres Compagnies dudit Regiment de Cavalerie de Courcillon, seront payées à raison de six livres par jour au Capitaine en pied, de trois livres au Capitaine en second, de trois livres au premier Lieutenant, de trente-trois sols quatre deniers au second Lieutenant, de trente sols au Mareschal des Logis, de neuf sols à chacun des trois Brigadiers, & de sept sols à chacun des vingt-deux Cavaliers y compris un Trompette; Lesquels Brigadiers, Cavaliers & Trompettes auront de plus par jour une Ration de Fourrage chacun.

Compagnies ordinaires du Regiment de Courcillon.

C X I.

L'ESTAT Major dudit Regiment de Courcillon, sera payé à raison de dix livres par jour au Mestre de Camp, de cinq livres au Lieutenant-Colonel, de trois livres six sols huit deniers à l'Ayde-Major, de cinquante sols au Mareschal des Logis, de trente sols au Greffier, de vingt sols à l'Aumosnier, de trente-trois sols quatre deniers au Chirurgien, de quatre livres six sols quatre deniers au Prevost, tant pour luy que pour ses Archers & l'Executeur, de vingt sols au Timballier, de douze sols au Mareschal ferrant.

Estat Major du Regiment de Courcillon.

C X I I.

CHAQUE Compagnie du Regiment de Cavalerie Estrangere de Rottembourg, sera payée à raison de six livres par jour au Capitaine en pied, de trois livres au Capitaine en second, de trois livres au premier Lieutenant, de trente-trois sols quatre deniers au second Lieutenant, de vingt-huit sols au Mareschal des Logis, de huit sols à chacun des deux Brigadiers, & de sept sols à chacun des vingt-trois Cavaliers, compris le Trompette & le

Regiment de Rottembourg.

Timballier, outre le Fourrage qui sera fourni aux Brigadiers, Cavaliers, Trompette & Timballier.

CXIII.

Eftat Major du Regiment de Rottembourg.

l'Eftat Major dudit Regiment de Rottembourg, sera payé à raifon de trois livres fix fols huit deniers par jour au Meftre de Camp, de quarante fols au Lieutenant-Colonel, de trois livres à l'Ayde-Major, de treize fols quatre deniers au Chirurgien, de treize fols quatre deniers à l'Auditeur, & de fept fols fix deniers au Greffier, à chacun des trois Archers & à l'Executeur.

CXIV.

Huffarts de Rattky.

CHAQUE Compagnie du Regiment de Huffarts de Rattky, doit eftré payée à raifon de fix livres par jour au Capitaine en pied, de trois livres au Capitaine en fecond, de trois livres au premier Lieutenant, de trente-trois fols quatre deniers au fecond Lieutenant, de vingt huit fols au Marefchal des Logis, de neuf fols à chacun des deux Brigadiers, de fept fols à chacun des vingt-trois Huffarts, le Trompette & le Timballier compris, outre le Fourrage qui sera fourni aux Brigadiers, Huffarts, Trompette & Timballier.

CXV.

Eftat Major du Regiment de Rattky.

L'ESTAT Major dudit Regiment de Huffarts de Rattky, sera payé à raifon de trois livres fix fols huit deniers par jour au Meftre de Camp, de quarante fols au Lieutenant-Colonel, de trois livres à l'Ayde-Major, & de treize fols quatre deniers au Chirurgien.

CXVI.

Officier Reformez aux Regimens Royal-Allemand Courcillon, Rottembourg & Rattky.

QUANT aux Officiers Reformez qui font à la fuite defdits Regimens Royal-Allemand Courcillon & Rottembourg de Cavalerie Eftrangere & de celuy de Huffarts de Rattky, & qui n'auront pas efté remplacez dans lefdits Regimens comme Capitaines & Lieutenans en fecond, ils continüeront d'y eftre payez à raifon de Dix-huit cens livres par an à chaque Meftre de Camp &

47

Lieutenant-Colonel Reformé, (à la reserve de ceux auſ-
quels il a eſté expedié des ordres particuliers, ſuivant
leſquels ils doivent eſtre payez) de Mille quatre-vingt livres
à chaque Capitaine Reformé, & de Cinq cens une livre à
chaque Lieutenant Reformé.

CXVII.

OUTRE la Solde cy-deſſus qui ſera payée ſans aucun
retranchement aux Brigadiers, Cavaliers, Cadets, Huſſarts, Trompettes & Timballiers deſdits Regimens Royal-
Allemand Courcillon, Rottembourg & Huſſarts de
Rattky, ils auront encore chacun un ſol par jour dont
le fonds reſtera entre les mains du Treſorier ainſi que
dans la Cavalerie Françoiſe, pour y compoſer une Maſſe
montant à trente-ſept livres dix ſols par mois, faiſant
Quatre cens cinquante livres par an, deſtinée à l'habillement, & eſtre diſtribuée & payée ſuivant les ordres de
l'Inſpecteur.

*Maſſe des Re-
gimens Royal-
Allemand
Courcillon,
Rottembourg
& Rattky.*

CXVIII.

CHAQUE Capitaine deſdits Regimens, recevra ainſi que
ceux de la Cavalerie Françoiſe, Six cens cinquante livres par
an en Temps de Paix pour la remonte de ſa Compagnie.

*Remonte deſ-
dits Regi-
mens.*

CXIX.

LES Officiers du Regiment Royal-Allemand continüeront de joüir des Penſions attachées à leurs Charges.

*Penſ.ˢ d'Of-
ciers du Reg.
Royal-Alle-
mand.*

CXX.

LES Compagnies de Cavalerie Françoiſe & Eſtrangere,
reſteront compoſées du meſme nombre d'Officiers qu'en
Temps de Paix, Et ſeront augmentées ſeulement de
vingt-cinq Cavaliers, qui ſeront payez ainſi que les autres à ſept ſols chacun par jour, non compris le ſol de
Maſſe qui ſera en outre payé pour chacun deſdits Cavaliers ſur le pied complet, montant à trente-ſept livres dix
ſols par mois, faiſant Quatre cens cinquante livres par an,
& qui reſtera ainſi que le ſurplus de ladite Maſſe montant
à pareille ſomme, entre les mains du Treſorier.

*Cavalerie en
Temps de
Guerre.*

M ij

CXXI.

POUR dedommager en Temps de Guerre les Officiers de la Cavalerie Françoiſe & Eſtrangere, de la Suppreſſion des Fourrages, Quartier d'Hyver & Uſtancile qu'ils avoient couſtume de recevoir pendant la Guerre ; Et les mettre en eſtat de ſouſtenir les dépenſes auſquelles ils ſont expoſez, Sa Majeſté a ordonné que pendant la Guerre chaque Capitaine de Cavalerie, au lieu des Six cens cinquante livres qu'il doit toucher pour Remonte de ſa Compagnie en Temps de Paix, aura Six mille quatre cens livres par an, pour luy tenir lieu deſdits Remontes, Fourrages, Quartier d'Hyver & Uſtancile ; Que le Capitaine en ſecond aura Huit cens livres ; le premier Lieutenant Six cens livres ; le ſecond Lieutenant Cinq cens livres, & le Mareſchal des Logis Quatre cens livres.

CXXII.

A l'égard de l'Eſtat Major, le Meſtre de Camp outre ſes Appointemens en qualité de Capitaine, & les Six mille quatre cens livres qu'il touchera pour Remonte, Fourrage & Uſtancile en la meſme qualité de Capitaine, recevra encore Deux mille livres ; Le Lieutenant-Colonel outre ce qu'il doit avoir comme Capitaine, recevra encore Quinze cens livres ; l'Ayde-Major Huit cens livres, l'Aumoſnier Six cens livres, & le Chirurgien pareille ſomme de Six cens livres.

CXXIII.

LES Compagnies de Dragons en Temps de Paix, ſeront compoſées d'un Capitaine en pied, d'un Capitaine en ſecond, d'un premier Lieutenant, d'un Lieutenant en ſecond, d'un Mareſchal des Logis, de deux Brigadiers & vingt-trois Dragons, compris un Tambour ; Et ſeront payées à raiſon de cinq livres dix ſols par jour au Capitaine en pied, de deux livres quinze ſols au Capitaine en ſecond, de deux livres cinq ſols au premier Lieutenant, de trente ſols au Lieutenant en ſecond, de vingt-cinq

cinq fols au Marefchal des Logis, de fept fols fix deniers à chacun des deux Brigadiers, & de fix fols fix deniers à chacun des vingt-trois Dragons & au Tambour, fans aucune retenüe. Il fera de plus fourni à chacun defdits Brigadiers, Dragons & Tambour une Ration de Fourrage par jour.

CXXIV.

CEUX defdits Dragons qui auront cy-devant efté Gardes du Corps de Sa Majefté, continüeront de toucher dix fols par jour, au lieu de fix fols fix deniers que doivent recevoir les autres Dragons.

Dragons cy-devant Gardes du Corps.

CXXV.

IL fera de plus payé pour chacun defdits vingt-cinq Brigadiers, Dragons & Tambours, fur le pied complet, un fol par jour pour compofer une Maffe deftinée à leur habillement, dont le fonds reftera entre les mains du Treforier, pour eftre diftribué fuivant les ordres de l'Infpecteur, vifez du Colonel General des Dragons.

Maffe des Dragons.

CXXVI.

DANS la Compagnie Generale des Dragons, il y aura deux Capitaines-Lieutenans qui feront payez à raifon de quarante-cinq fols chacun par jour, deux Sous-Lieutenans à raifon de trente-trois fols quatre deniers chacun par jour, & un Cornette à raifon d'une livre dix fols.

Capitaines Lieutenans & Sous-Lieutenans de la Compagnie Generale.

CXXVII.

OUTRE le Lieutenant qui eft entretenu dans la Compagnie Meftre de Camp General, à raifon de quarante-cinq fols par jour, & du Cornette qui eft payé à trente fols par jour, il y aura encore un Capitaine-Lieutenant qui fera auffi payé fur le pied de quarante-cinq fols par jour, & un fecond Cornette à raifon de trente fols; au moyen de quoy il n'y aura point de Capitaine ni de Lieutenant en fecond dans ladite Compagnie.

Capitaine Lieutenant & les deux Cornettes de la Compagnie Meftre de Camp General.

CXXVIII.

CHAQUE Capitaine de Dragons outre les Appointemens cy-deffus reglez, recevra par an la fomme de Six cens

Remonte de Dragons.

livres, au temps du Semeſtre, pour luy tenir lieu de Remonte.

CXXIX.

Eſtat Major d'un Regi-ment de Dra-gons.

L'ESTAT Major d'un Regiment de Dragons ſera payé à
raiſon de dix livres par jour au Meſtre de Camp, de cinq livres dix ſols au Major, & de trois livres un ſol huit deniers
à l'Ayde-Major.

CXXX.

Officiers Re-formez de Dragons.

LES Officiers Reformez de Dragons qui n'auront eſté
incorporez dans aucun Regiment en qualité de Capitaines
en ſecond, ou de Lieutenans en ſecond, continüeront de recevoir leurs Appointemens ſuivant les Eſtats qui en ſeront
expediez & envoyez dans les Departemens où ils ſont.

CXXXI.

Dragons en Temps de Guerre.

CHAQUE Compagnie de Dragons ſera compoſée du
meſme nombre d'Officiers, Mareſchaux des Logis & Brigadiers qu'en Temps de Paix, Et ſera ſeulement augmentée de
vingt-cinq Dragons, leſquels feront payez ainſi que les autres à ſix ſols ſix deniers chacun par jour non compris le ſol
de Maſſe qui ſera en outre payé pour chacun deſdits Dragons ſur le pied complet, montant à trente-ſept livres dix
ſols par mois, faiſant Quatre cens cinquante livres par an, &
qui reſtera ainſi que le ſurplus de ladite Maſſe entre les
mains du Treſorier, pour eſtre payé ſuivant les formalitez
cy-deſſus preſcrites en Temps de Paix.

CXXXII.

Pour tenir lieu de Re-monte, Uſtan-cile & Four-rages.

AU lieu des Six cens livres de remonte que les Capitaines de Dragons doivent toucher en Temps de Paix, & de
l'Uſtancile & Fourrages que les Capitaines & autres Officiers de Dragons touchoient par le paſſé pendant la Guerre,
chaque Capitaine de Dragons recevra à l'avenir durant la
Guerre, la ſomme de Six mille deux cens livres par an, le Capitaine en ſecond celle de Huit cens livres, le premier Lieutenant Six cens livres, le ſecond Lieutenant Cinq cens livres, & le Mareſchal des Logis Quatre cens livres.

51

CXXXIII.

A l'égard des Officiers de l'Eſtat Major, le Meſtre de Camp de Dragons recevra par chacun an la ſomme de Deux mille livres, au de-là des Six mille deux cens livres qu'il doit avoir en qualité de Capitaine, & des Trois mille ſix cens livres qui luy ſont deûes en qualité de Meſtre de Camp; Le Lieutenant-Colonel aura Quinze cens livres au delà de ce qui luy doit eſtre payé en qualité de Capitaine; Le Major Mille livres outre ſes Appointemens ordinaires; l'Ayde-Major Huit cens livres auſſi d'augmentation, Et il ſera de plus payé à l'Aumoſnier qui ſera à la ſuite de chaque Regiment en Temps de Guerre, la ſomme de Six cens livres.

Eſtat Major d'un Regiment de Dragons en Temps de Guerre.

CXXXIV.

Outre les Appointemens cy-deſſus ſpecifiez, les Officiers de Dragons continüeront de recevoir les Penſions attachées à leurs Charges.

Penſions des Officiers de Dragons.

CXXXV.

En Temps de Guerre il ne ſera fait dans la Cavalerie & les Dragons que trois Reveües pendant la Campagne, ainſi qu'il eſt cy-devant ordonné pour l'Infanterie; La premiere au mois de May, ſur laquelle les Compagnies ſeront payées tant pour ledit mois que pour celuy de Juin; La ſeconde au mois de Juillet, qui ſervira tant pour ledit mois que pour celuy d'Aouſt; Et la troiſiéme au mois de Septembre qui ſervira pour ledit mois & pour celuy d'Octobre, Et il ne ſera compris dans leſdites Reveües que les preſens & effectifs.

Reveües de la Cavalerie & des Dragons en Temps de Guerre.

CXXXVI.

Lorsque Sa Majeſté jugera à propos de faire fournir le Pain à ſes Troupes, la Ration ſera de vingt-huit onces de Pain, poids de Marc, au lieu des vingt-quatre onces dont elle eſtoit cy-devant compoſée, ſans que pour raiſon de cette augmentation on puiſſe faire payer au Soldat plus de deux ſols pour chaque Ration : Voulant

Fixation de la Ration de Pain.

N ij

au contraire Sa Majesté que lorsqu'elle couſtera moins que deux ſols, on ne retienne au Soldat que le prix effectif de ladite Ration. Sa Majeſté dérogeant aux precedentes Ordonnances en ce qu'il pourroit y avoir de contraire à la Preſente.

MANDE & Ordonne Sa Majeſté aux Gouverneurs & à ſes Lieutenans Generaux en ſes Provinces, aux Gouverneurs ou Commandans dans ſes Villes & Places, aux Intendans en ſeſdites Provinces & ſur les Frontieres, aux Directeurs & Inſpecteurs Generaux ſur ſes Troupes, aux Commiſſaires de ſes Guerres, & à tous autres ſes Officiers qu'il appartiendra, de tenir la main à l'Execution de la preſente. FAIT à Paris le ſixiéme jour d'Avril mil ſept cens dix-huit. *Signé* LOUIS. *Et plus bas,* PHELYPEAUX.